Mes recettes
faciles et bluffantes !

***

Albin Michel ■

Je remercie

Mon fils Léonard, ma famille et mes amis pour avoir testé quelques recettes !
Thierry Colby de Colbyco pour sa collaboration.
De Buyer pour la qualité de ses casseroles !

*

Aucun fruit ou légume, poisson ou autre volaille
n'a été maltraité pendant les recettes. Juste bien cuits !

Du même auteur, chez Albin Michel

© Éditions Albin Michel, 2010

Éditions Albin Michel
22, rue Huyghens, 75014 Paris
www.albin-michel.fr

LAURENT MARIOTTE

Mes recettes faciles et bluffantes !

* * *

avec la collaboration de Nicole Seeman

Photographies : Nathanaël Turpin-Griset
Stylisme culinaire : Anouk Grumbach

SOMMAIRE

* * *

UNE TABLE QUI EN JETTE !

ÇA NE VOUS A PAS ÉCHAPPÉ... ON MANGE AUSSI AVEC LES YEUX.
UNE BELLE VAISSELLE, UNE PRÉSENTATION ORIGINALE, DES COULEURS APPÉTISSANTES... ÇA COMPTE !
VOICI QUELQUES ASTUCES FACILES ET PAS CHÈRES POUR METTRE VOTRE TABLE SUR SON 31 !

* * *

Organisez-vous

* Anticipez le coup de feu et préparez tout ce qui peut l'être
à l'avance, ainsi vous serez plus disponible pour apporter
des petites touches bluffantes (déco, présentation des plats...)
et surtout pour être au cœur de votre dîner !

* Présentez vos plats à l'assiette : ambiance grand restaurant
garantie !

* Il existe plusieurs méthodes pour réchauffer les assiettes,
à vous de trouver celle qui vous convient le mieux. C'est un petit
plus qui fera la différence auprès de vos convives.

Remettez le couvert

* N'hésitez pas à remettre au goût du jour la vaisselle dépareillée,
ou bien à la choisir en fonction du thème du repas (années 70,
menu scandinave, 100 % nature...) ; mélangez les styles : ancien
et contemporain ; pensez à l'harmonie de votre table.

* Inscrivez le nom des invités sur des petits morceaux d'ardoise,
des marrons ou sur des supports de toutes formes et couleurs.

* Tout est bon pour servir de porte-couteau : galets, coquillages,
morceaux de bois, papier plié...

* Plus chic qu'une bouteille en plastique, pensez à mettre l'eau
en carafe.

* Vous n'avez pas assez de coquetiers pour tout le monde ?
Fabriquez-en avec des petits verres remplis de gros sel.

* Détournez le matériel que vous avez à disposition pour proposer
une ambiance décalée : des boîtes de conserve en guise de petits
plats à gratin, une belle bouteille de whisky comme broc d'eau,
des tasses à thé ou à café pour présenter les sauces... Pensez récup' !

Décorez la table

* Remplacez votre table par une vieille malle de voyage,
une bobine de chantier ou un simple carton de déménagement.

* Pour changer de l'éternelle nappe de grand-maman, jouez
les superpositions de tissus, les matières brutes, les plastiques.
Utilisez de grandes feuilles « tropicales » comme sets de table.

* Pour un goûter d'enfants, triez des bonbons par couleurs
et présentez-les dans des coupelles blanches ou des caissettes
en papier.

* Présentez vos pâtisseries dans un plat à tarte sous cloche,
digne des salons de thé anglo-saxons ou scandinaves.

* Pour un repas marin ou exotique, recouvrez le plateau d'une fine
couche de sable ; entre deux dunes miniatures, disposez galets,
coquillages ou coraux, bois flotté...

* Et si vous mettiez un bouquet de choux ou d'artichauts dans
un vase, à la place des très sages lys ou freesias ?

* Et maintenant, mangez la déco ! Petits sablés, salés ou sucrés,
de formes originales à l'emporte-pièce, mignardises, sucreries...
il y en aura pour tous les goûts.

SURPRENEZ VOS PAPILLES !

APRÈS LES YEUX, C'EST AU PALAIS DE TRAVAILLER. TOUS LES GOÛTS SONT DANS LA NATURE.
À VOUS DE LES METTRE EN SCÈNE ET DE JOUER AVEC DES ASSOCIATIONS DE SAVEURS
AUSSI ÉTONNANTES QUE SUCCULENTES. VOICI QUELQUES IDÉES.

* * *

Modernisez les accompagnements

* En moulant du riz dans un petit bol (ou dans un moule
en forme de pyramide) ou en formant une part de purée dans
des emporte-pièces, vous mettrez un peu de peps dans vos
assiettes. Et les enfants réclameront des légumes à tous les repas !

* Et si vous déposiez un nuage de chantilly sur votre plat ?
Aromatisée au basilic ou à la menthe, au poivron ou à la tomate
ou encore au thé ou au chocolat : la touche branchée indispensable
à la réussite de votre dîner !

* Pour le sucré, n'hésitez pas à créer des tuiles avec toute sorte
de bonbons (rapidement fondus au four), des toppings sur vos
glaces et gâteaux (miettes de biscuits, bonbons écrasés, fruits secs
concassés), des sablés à la vanille ou au pavot aux formes insolites,
des sauces et coulis originaux (fruits exotiques, sauce au Carambar
fondu, au caramel au beurre salé, etc.)...

Créez des variantes

* Amusez-vous à décliner vos recettes : en remplaçant une viande
ou un légume par un autre, vous inventerez de nouveaux accords
gustatifs. Vos galons de chefs seront assurés !

* Échangez la traditionnelle huile d'olive de la vinaigrette
par de l'huile de noix, de noisette, voire de pistache ! Vos invités
vont chercher longtemps quel est cet ingrédient mystère
qui change tout !

* Remplacez le pain de vos toasts apéritifs par des rondelles
de légumes : céleri-rave avec foie gras, pomme de terre avec
saumon fumé, endives avec thon... Et pourquoi pas des mouillettes
en pain d'épices ?

* Aromatisez vos pâtes (à tarte ou à sablés) avec des épices, des
herbes, des arômes liquides, des huiles essentielles ou bien encore
des fruits secs concassés : noisettes, amandes, noix de pécan...

Décorez vos recettes

* Transformez un gâteau basique en star ces défilés
en ajoutant des fleurs cristallisées (pétales ou fleurs entières)
ou des fruits glacés.

* Avec un pochoir et une passoire, poudrez vos desserts de sucre
glace (ajoutez 1/2 cuillerée à café de Maïzena pour ne pas que
cela fonde), de paillettes alimentaires, de sucre coloré, de cacao...

* Parsemez vos soupes de graines germées...

* Et avez-vous pensé au glaçage ? Simplissime à réaliser
avec du sucre glace et de l'eau, vous pouvez décorer vos desserts
ou écrire des petits mots sur des sablés et des gâteaux.

Camaïeu de chips de légumes racines

BETTERAVE ROUGE, JAUNE, MARBRÉE...
L'AUTOMNE EST LA SAISON DES BETTERAVES, DES PANAIS ET DES CAROTTES
MAIS VOUS NE SAVEZ PAS QUOI EN FAIRE...
ÉPLUCHEZ-LES, TAILLEZ-LES FINEMENT EN RONDELLES ET FAITES-LES FRIRE.
VOICI DE DÉLICIEUSES CHIPS DU JARDIN !

* * *

Préparation : 10 min

Cuisson totale : 15 min

Pour 4 personnes

1 assortiment de 3 légumes racines

(2 panais, 2 betteraves, 2 carottes...)

Huile de friture

Fleur de sel

1

* Faites chauffer l'huile de friture dans une friteuse ou une sauteuse.
* Pelez les légumes et coupez-les en chips à l'aide d'une mandoline. Si vous n'en avez pas, essayez avec un économe... mais il vous faudra de la dextérité !

2

* Faites-les frire en plusieurs fois jusqu'à ce qu'elles soient bien croustillantes. Égouttez-les sur du papier absorbant.

3

* Assaisonnez-les immédiatement de fleur de sel et servez-les aussitôt.

Le coup de bluff

Pour un côté convivial, servez ces chips colorées dans un grand saladier. Pour leur donner un petit goût exotique, parsemez-les d'épices parfumées, comme le curry, le cumin ou la badiane.

10

Trop chou, mes petits choux au chou !

VOUS SOUHAITEZ OFFRIR À VOS INVITÉS DES PETITES BOUCHÉES POUR L'APÉRITIF QUI SORTENT DE L'ORDINAIRE ? MISSION ACCOMPLIE AVEC CES PETITS CHOUX FARCIS AU… CHOU. C'EST CHOU, NON ?

* * *

Préparation : 30 min
Cuisson totale : 30 min
Pour 6 personnes

Pour la pâte à choux :
100 g de beurre coupé en morceaux
10 cl de lait
4 œufs
150 g de farine
Sel fin

Pour le coleslaw :
200 g de chou blanc
1/2 oignon
2 carottes
2 pommes
2 cuil. à soupe de jus de citron
125 g de mayonnaise
6 cl de crème fraîche épaisse
2 cuil. à café de moutarde forte de Dijon
Sel, poivre du moulin

1

* Préchauffez le four à 210 °C (th. 7).
* Portez à ébullition 15 cl d'eau avec le lait, le beurre et le sel. Versez ensuite la farine d'un seul coup et remuez vivement jusqu'à ce que la pâte se détache des parois. Hors du feu, incorporez les œufs un à un.
* Posez des boules de pâte à l'aide d'une poche à douille ou d'une cuillère mouillée, sur une plaque à pâtisserie antiadhésive ou un tapis de cuisson en silicone. Enfournez pour 20 min de cuisson.

2

* Pelez les pommes, les carottes et le demi-oignon. Coupez tous les légumes et les pommes en très fins bâtonnets à la mandoline, à la main ou au robot. Mélangez la mayonnaise, le jus de citron, la crème fraîche et la moutarde. Salez et poivrez. Mélangez les légumes et les pommes en bâtonnets avec cette sauce.

3

* Quand les petits choux ont refroidi, coupez les chapeaux délicatement avec un couteau fin ou un couteau à pain. Garnissez l'intérieur des choux avec le coleslaw et posez les chapeaux par-dessus. Vous pouvez préparer les choux à l'avance et les conserver dans un endroit sec, et le coleslaw au frais. Mais l'assemblage doit se faire impérativement au dernier moment, sinon vos petits choux seront détrempés !

Le coup de bluff

Pour surprendre vos invités, servez ces petits choux « à l'aveugle ». Garnissez-les soigneusement de coleslaw, sans déborder et recouvrez-les avec leurs chapeaux.

Pain perdu au saumon fumé

TOUT LE MONDE CONNAÎT LE TRADITIONNEL BLINIS POUR ACCOMPAGNER UN BON SAUMON FUMÉ.
BROUILLEZ LES PISTES EN LE REMPLAÇANT PAR UN CLASSIQUE DE NOTRE ENFANCE EN VERSION SALÉE :
LE PAIN PERDU. SON MOELLEUX ET LE FONDANT DU SAUMON SERONT IRRÉSISTIBLES.

* * *

Préparation : 10 min

Cuisson totale : 10 min

Pour 4 personnes

8 grandes tranches de brioche
un peu sèche

8 petites ou 4 grandes tranches
de saumon fumé

2 œufs

25 cl de lait

8 cuil. à soupe de crème fraîche

2 cuil. à soupe de jus de citron

8 brins de ciboulette

15 g de beurre

2 cuil. à soupe d'huile neutre

Sel, poivre du moulin

1

＊ Mélangez la crème fraîche et le jus de citron. Coupez la ciboulette en petits tronçons.
＊ Mélangez le lait et les œufs. Salez et poivrez.
＊ Faites fondre le beurre avec l'huile à feu moyen dans une grande poêle antiadhésive.

2

＊ Trempez 4 tranches de brioche dans le mélange lait-œufs. Faites-les dorer des deux côtés dans la poêle. Égouttez-les sur du papier absorbant. Recommencez avec les 4 tranches de brioche restantes.

3

＊ Disposez sur les tranches de brioche le saumon, la crème au citron et la ciboulette dans l'ordre qui vous semblera le plus esthétique.

Le coup de bluff

Effet chic garanti avec ce pain perdu
en version mini. Découpé en bouchées,
il saura dérider les plus tristes,
au moment de l'apéro.

Soupe de lentilles au haddock fumé

FINE, DÉLICATE, LA LENTILLE VERTE DU PUY SE MARIE TRÈS BIEN AVEC LE BON GOÛT FUMÉ DU HADDOCK. POUR CHANGER D'UN PLAT, VOICI LA VERSION SOUPE. LA LENTILLE EST MIXÉE, LE HADDOCK EFFILOCHÉ... MÊME LE CAPITAINE EN REDEMANDERAIT.

* * *

Préparation : 20 min
Cuisson totale : 50 min
Repos : 20 min
Pour 4 personnes
1 filet de haddock fumé (environ 200 g)
400 g de lentilles vertes du Puy
1 carotte
1 oignon
2 gousses d'ail
1 bouquet garni
50 cl de lait
2 cuil. à soupe d'huile neutre
Sel fin

1

* Pelez et hachez l'oignon. Hachez l'ail en petits dés. Pelez et coupez la carotte en rondelles. Rincez et égouttez les lentilles.
* Dans un peu d'huile, faites revenir l'ail, l'oignon haché et la carotte en rondelles. Ajoutez les lentilles et le bouquet garni. Mouillez avec 1,5 l d'eau. Portez à ébullition et laisser frémir 40 min à feu doux. Salez en fin de cuisson.

2

* Égouttez les lentilles et enlevez le bouquet garni. Mixez-les en ajoutant un peu de jus de cuisson, jusqu'à obtenir une consistance de velouté.

3

* Coupez le filet de haddock en morceaux. Faites-les tremper 10 min dans le lait. Une fois égouttés, ajoutez-les à la soupe. Portez-la à frémissement et laissez reposer 10 min avant de servir.

Bon à savoir

Gardez quelques lentilles cuites entières. Elles apporteront à votre soupe de la texture et une touche décorative.

Le coup de bluff

Et si vous serviez cette soupe avec 1 cuil. à soupe de crème liquide battue avec du jus de citron et de la ciboulette ciselée ?

Trio de gaspachos

TOUT LE MONDE CONNAÎT LE GASPACHO ANDALOU.
AMUSEZ-VOUS À REMPLACER LA TOMATE PAR D'AUTRES LÉGUMES : LA BETTERAVE, LE CONCOMBRE...
ET APPELEZ LA FRAISE À LA RESCOUSSE POUR UNE SOUPE FROIDE SUCRÉE.
VOICI UNE TRILOGIE DE GASPACHOS HAUTE EN COULEUR.

* * *

Préparation : 30 min

Pour 4 personnes

Pour le gaspacho au concombre :

2 concombres

1 pomme granny smith

1/2 citron (jus)

1 yaourt brassé

Sel, poivre du moulin

Pour le gaspacho au crabe :

100 g de chair de crabe

(poids égoutté) en boîte

500 g de betteraves rouges cuites

1 orange

1 petit oignon blanc frais

2 cuil. à soupe de vinaigre de xérès

2 cuil. à soupe d'huile d'olive

Quelques graines germées

de betterave pour la déco

Sel, poivre du moulin

Pour le gaspacho à la fraise :

500 g de fraises

1 citron

2 feuilles de menthe

+ 4 petites pour la déco

4 cuil. à soupe de miel liquide

1

Gaspacho concombre et granny smith

* Pelez les concombres, épépinez-les et coupez la chair
en morceaux (réservez quelques petits dés pour la décoration).

* Pelez la pomme, retirez le trognon et coupez la chair
en morceaux. Pressez le demi-citron.

* Mixez ensemble le concombre, la pomme, le jus du demi-citron.
Salez et poivrez. Mélangez ensuite avec le yaourt.

* Versez dans des verres et décorez avec les dés de concombre.

2

Gaspacho crabe, betterave et orange

* Pressez l'orange. Coupez les betteraves en morceaux.
Coupez l'oignon en morceaux.

* Mixez le tout avec du sel, du poivre, l'huile et le vinaigre.
Ajoutez la chair de crabe coupée en dés. Décorez avec les graines
germées de betterave.

3

Gaspacho fraise et menthe

* Équeutez les fraises. Coupez-en 4 en dés pour la décoration.
Pressez le citron.

* Mixez ensemble les fraises, le jus de citron,
2 feuilles de menthe et le miel.

* Décorez avec les dés de fraises restantes
et les petites feuilles de menthe.

Le coup de bluff

Retournez en enfance
en servant ces gaspachos bien glacés
dans des verres de cantine.
Effet régressif garanti !

Céleri chic
façon rémoulade aux pommes,
au magret fumé et aux noisettes

NON, LE CÉLERI RÉMOULADE N'EST PAS QU'UN MAUVAIS SOUVENIR DE CANTINE...
RELOOKÉ AVEC DES POMMES, DES NOISETTES ET DU MAGRET FUMÉ,
VOICI UNE ENTRÉE « CHIC ET PAS CHER ».

* * *

Préparation : 20 min

Pour 4 personnes

1 boule de céleri-rave

2 pommes granny smith

12 tranches de magret de canard fumé

1 poignée de noisettes décortiquées

4 cuil. à soupe de crème fraîche épaisse

4 cuil. à café de moutarde forte de Dijon

Sel, poivre du moulin

Le coup de bluff

Après avoir été titillées par les noisettes croquantes et le magret fumé, les papilles de vos invités seront réveillées par le goût acidulé de la pomme qui tranche avec le côté rustique du céleri. Et si en prime, vous présentez cette entrée de façon insolite, vos invités en redemanderont !

1

* Coupez la boule de céleri en quartiers. Pelez les quartiers, puis coupez-les en julienne (fins bâtonnets) à la mandoline ou râpez-les au robot.
* Pelez les pommes, coupez-les en quartiers et retirez les trognons, puis coupez-les en julienne (fins bâtonnets) à la mandoline ou râpez-les au robot.

2

* Mélangez la crème fraîche et la moutarde. Salez et poivrez. Écrasez grossièrement les noisettes. Retirez le gras des tranches de magret (si vous le souhaitez).
* Mélangez la pomme et le céleri râpés dans un saladier avec la préparation crème-moutarde.

3

* Répartissez ce mélange dans des assiettes ou des petits bols. Parsemez de noisettes et disposez harmonieusement le magret par-dessus éventuellement coupé en lanières.
* Servez sans attendre.

Bon à savoir

Si vous souhaitez préparer le céleri rémoulade à l'avance, ajoutez un peu de jus de citron pour ne pas qu'il noircisse. Mais attendez le dernier moment pour ajouter les noisettes et les lanières de magret.

Petits blinis de patate douce aux herbes et aux amandes, truite fumée

CHARNUE ET SUCRÉE, LA PATATE DOUCE PORTE BIEN SON NOM.
UNE FOIS RÉDUITE EN PURÉE,
ELLE VOUS PERMET DE RÉALISER DES BLINIS AUX AMANDES ET AUX HERBES
QUI DEVRAIENT FAIRE LEUR PETIT EFFET.
LE COMPAGNON IDÉAL POUR UNE DÉLICIEUSE TRUITE FUMÉE...

* * *

Préparation : 20 min

Cuisson totale : 30 min

Pour 4 personnes

8 tranches de truite fumée

(ou saumon fumé)

250 g de patate douce

2 œufs

8 cuil. à soupe de fromage blanc

50 g de farine

50 g d'amandes effilées

1/2 citron (jus)

Quelques brins de ciboulette

2 cuil. à soupe d'huile neutre

Sel, poivre du moulin

Le coup de bluff

Ces blinis moelleux et légers,
à la belle couleur orange,
croustillent agréablement sous la dent,
grâce aux amandes grillées
mélangées à la pâte.

1

* Coupez la ciboulette en petits tronçons. Pressez le demi-citron et mélangez le jus avec le fromage blanc et la ciboulette. Coupez la truite en lanières.

* Pelez la patate douce et coupez-la en morceaux. Faites-les cuire dans de l'eau bouillante salée, jusqu'à ce que la pointe d'un couteau entre facilement dans la chair (environ 10 à 15 min).

* Faites dorer les amandes effilées à la poêle sans matière grasse. Passez la chair de patate douce au moulin à légumes ou au tamis (si vous n'en avez pas, utilisez un mixeur).

2

* Séparez les blancs des jaunes d'œufs. Montez les blancs en neige pas trop ferme.

* Mélangez les jaunes avec la pulpe de patate douce. Ajoutez la farine et mélangez à nouveau. Incorporez délicatement les blancs battus en neige, puis les amandes. Salez et poivrez.

3

* Faites chauffer l'huile dans une poêle antiadhésive. Versez des ronds de pâte, laissez-les cuire 1 à 2 min par côté.

* Servez-les avec des lanières de truite fumée et le fromage blanc au citron et à la ciboulette.

Bon à savoir

Pour une présentation bluffante, disposez des emporte-pièces dans une poêle antiadhésive et versez la pâte : les blinis auront ainsi une forme moins classique.

Crabcakes à la menthe

VOUS ÊTES À COURT D'IDÉES POUR RÉGALER VOS ENFANTS ?
CETTE GALETTE VENUE DES ÉTATS-UNIS DEVRAIT LES SÉDUIRE.
MOELLEUX ET PARFUMÉ, LE CRABCAKE EST UN CLASSIQUE DE LA CUISINE AMÉRICAINE.
IL VA DEVENIR UN INCONTOURNABLE DE LA VÔTRE.

* * *

Pour 4 personnes
Préparation : 20 min
Cuisson totale : 10 min

Pour les crabcakes :
200 g de chair de crabe en boîte
150 g de mie de pain rassis
2 échalotes
1 gousse d'ail
1 cuil. à soupe de sauce Worcestershire
(sauce anglaise)
1 œuf
1 botte de menthe
10 cl d'huile neutre
Sel, poivre du moulin

Pour la mayonnaise au citron :
1 jaune d'œuf
1 cuil. à café de moutarde forte de Dijon
10 cl d'huile
1/2 citron (jus)
Sel, poivre du moulin

1

* Préparez une mayonnaise classique : mélangez le jaune d'œuf à la moutarde et, lorsque le mélange est homogène, versez un peu d'huile tout en continuant à remuer. Quand la mayonnaise a pris, rajoutez de l'huile en un mince filet et procédez ainsi jusqu'à la fin de votre huile. Puis ajoutez du sel et du poivre, et mélangez une dernière fois.

* Réservez 1 cuil. à soupe de mayonnaise pour confectionner les crabcakes. Ajoutez le jus de citron et mélangez.

2

* Pelez l'ail et les échalotes. Hachez-les finement. Chauffez 1 cuil. à soupe d'huile à feu moyen dans une poêle. Faites revenir les échalotes quelques minutes, puis ajoutez l'ail et faites dorer encore 1 min. Mixez la mie de pain.

* Dans un saladier, mélangez l'œuf avec la mayonnaise réservée et la sauce Worcestershire. Émincez finement les feuilles de menthe. Ajoutez l'ail et l'échalote revenus, la mie de pain. Salez et poivrez. Mélangez à nouveau en émiettant le crabe.

3

* Formez des boules de ce mélange avec vos doigts. Faites chauffer l'huile dans une poêle antiadhésive. Faites dorer les crabcakes 2 à 3 min par côté.

* Servez les crabcakes chauds avec la mayonnaise au citron.

Le coup de bluff

Pensez à présenter ces petites croquettes savoureuses dans des feuilles de romaine bien creuses, vertes et croquantes. Présentez la mayonnaise en portions individuelles, dans de jolis coquillages et parsemez de zestes de citron.

Chou-fleur et brocoli façon taboulé

ON DIRAIT DE LA SEMOULE, MAIS IL S'AGIT BEL ET BIEN DE CHOU-FLEUR ET DE BROCOLI.
RÂPÉS FINEMENT À CRU, ILS PERMETTENT DE RÉALISER UN TABOULÉ PAS COMME LES AUTRES.
PRENEZ-EN DE LA GRAINE...

* * *

Préparation : 35 min

Cuisson totale : 5 min

Pour 4 personnes

1/4 de chou-fleur

1/2 tête de brocoli

1 poivron jaune

1 morceau de vieux gouda (environ 100 g)

1 échalote

Quelques brins de ciboulette

1 citron (jus)

3 cuil. à soupe d'huile neutre

3 cuil. à soupe d'huile de noisette

1 poignée de pignons de pin

Sel, poivre du moulin

1

* Pressez le citron.
* Coupez le chou-fleur et le brocoli en fleurettes. Râpez-les au robot. Faites cuire cette « semoule » 5 min à la vapeur. Laissez refroidir.
* Faites dorer les pignons de pin sans matière grasse dans une poêle antiadhésive.

2

* Mélangez la « semoule » de chou-fleur et brocoli avec le jus de citron.
* Coupez le poivron jaune en dés. Pelez l'échalote et hachez-la en petits dés.
* À l'aide d'un couteau économe, faites des copeaux de gouda.
* Coupez la ciboulette en petits tronçons.

3

* Mélangez l'ensemble des ingrédients avec les huiles. Salez et poivrez.
* Servez en entrée.

Le coup de bluff

Pour un apéro raffiné, servez ce taboulé en mini-verrines. Préparez séparément le brocoli et le chou-fleur et alternez les couches blanches et vertes. Vous pouvez ajouter une touche supplémentaire de couleur avec des quartiers de tomates cerises.

Crevettes en croûte de sésame et vinaigrette surprenante à la mangue

LA MANGUE SE DISTINGUE DE TOUS LES AUTRES FRUITS PAR SON PARFUM UNIQUE. PROFITEZ-EN ET BLUFFEZ VOS INVITÉS AVEC UNE VINAIGRETTE EXOTIQUE DANS LAQUELLE VOUS TREMPEREZ DE DÉLICIEUSES CREVETTES ENROBÉES DE GRAINES DE SÉSAME.

* * *

Préparation : 15 min

Cuisson totale : 5 min

Pour 4 personnes

20 grosses crevettes roses crues

6 cuil. à soupe de graines de sésame blanc

2 cuil. à soupe d'huile neutre

Pour la vinaigrette à la mangue :

1 mangue bien mûre

4 cuil. à soupe de vinaigre balsamique blanc ou de vinaigre de riz

2 cuil. à soupe d'huile de sésame

Sel fin

1

* Pelez la mangue et coupez la chair en dés. Mixez-la avec le vinaigre, l'huile de sésame et du sel.

* Décortiquez les crevettes en laissant le dernier anneau de carapace et la queue.

2

* Trempez-les bien dans les graines de sésame pour les enrober.

3

* Faites chauffer l'huile à feu vif dans une poêle antiadhésive. Faites revenir les crevettes, jusqu'à ce qu'elles soient cuites et que le sésame soit doré.

* Servez sans attendre en présentant la vinaigrette à part.

Le coup de bluff

Présentez la vinaigrette dans des coquetiers ou dans des petits verres à bodega, et posez les crevettes en équilibre au bord.

Millefeuille de tuiles au parmesan et aux champignons

VOUS EN AVEZ ASSEZ DES ENTRÉES RAPLAPLA ?
PRENEZ DE LA HAUTEUR AVEC CETTE ENTRÉE CROUSTI-FONDANTE.
DES TUILES DE PARMESAN POUR LE CROUSTILLANT, DES CHAMPIGNONS POUR LE FONDANT.
DU GOÛT, DU VOLUME, DE LA PRESTANCE. QUE DEMANDER DE PLUS ?

* * *

Préparation : 20 min

Cuisson totale : 25 min

Pour 4 personnes

600 g de champignons de Paris

12 cuil. à soupe de parmesan
fraîchement râpé

2 échalotes

8 feuilles de basilic

8 feuilles de menthe

15 g de beurre

2 cuil. à soupe d'huile neutre

Sel, poivre du moulin

1

* Préchauffez le four à 180 °C (th. 6).

* Sur une feuille de papier sulfurisé posée sur une plaque à pâtisserie, formez 6 disques de parmesan râpé (d'une valeur de 1 cuil. à soupe chacun). Enfournez pour 8 min de cuisson. Hors du four, laissez tiédir les tuiles de parmesan à plat puis décollez délicatement du papier sulfurisé.
Refaites la même chose pour les 6 tuiles suivantes.

2

* Coupez les pieds des champignons et émincez-les finement. Pelez puis ciselez les échalotes. Faites chauffer le beurre et l'huile dans une grande poêle et faites-y revenir les champignons et les échalotes, jusqu'à ce que les champignons soient bien dorés.

* Ciselez les herbes et ajoutez-les aux champignons.
Salez et poivrez.

3

* Montez les millefeuilles en alternant 3 tuiles avec du mélange aux champignons.

Le coup de bluff

Si vous souhaitez des tuiles parfaitement rondes, déposez le parmesan râpé sur le papier sulfurisé à l'aide d'un emporte-pièce.

Cheesecake aux pousses d'épinard et au chèvre frais

EN CUISINE, IL FAUT S'AMUSER. DÉMONSTRATION AVEC CE CHEESECAKE SALÉ.
UN CÉLÈBRE GÂTEAU APÉRITIF POUR LE CROUSTILLANT, DES ÉPINARDS ET DU CHÈVRE FRAIS POUR LA GARNITURE...
ET LE TOUR EST JOUÉ !

* * *

Préparation : 15 min

Cuisson totale : 50 min

Pour 4 personnes

400 g de fromage de chèvre frais
(type Petit Billy)

150 g de pousses d'épinard

100 g de biscuits apéritifs (type Tuc)

10 cl de crème fraîche épaisse

60 g de beurre

2 œufs

Sel, poivre du moulin

1

* Préchauffez le four à 180 °C (th. 6).
* Mixez les biscuits apéritifs. Faites fondre le beurre dans une petite casserole. Dans un saladier, mélangez les biscuits apéritifs mixés avec le beurre fondu. Salez et poivrez. Tapissez un moule à gâteau à fond amovible de ce mélange et tassez bien. Mettez-le au réfrigérateur.

2

* Faites chauffer une casserole à feu doux. Faites-y revenir les pousses d'épinard jusqu'à ce qu'elles soient bien ramollies et qu'il n'y ait presque plus d'eau. Égouttez-les et pressez-les dans les mains pour en retirer toute l'eau.
* Fouettez ensemble les œufs, le chèvre frais et la crème fraîche. Ajoutez les pousses d'épinard. Salez, poivrez et mélangez.

3

* Versez ce mélange dans le moule. Mettez-le au four pour 40 min de cuisson. Laissez-le bien refroidir avant de le démouler délicatement.
* Servir en entrée avec une mâche ou une roquette.

Le coup de bluff

Pour une présentation raffinée, préparez ce cheesecake dans des petits moules individuels (à muffins, à financiers...) en garnissant le fond de papier sulfurisé. Démoulez-les à l'envers, puis retournez-les à nouveau.

Variante

Vous pouvez remplacer les pousses d'épinard par de très belles feuilles d'épinard ou utiliser des épinards surgelés en les égouttant au maximum.

Bon à savoir

Le moule à gâteau ou à tarte à fond amovible (avec charnière idéalement) est vraiment indispensable pour cette recette.

Duo d'œufs : œufs à la coque aux œufs de saumon et mouillettes d'asperges, œufs en brioche

PÂQUES SANS LES ŒUFS, C'EST COMME NOËL SANS LA BÛCHE.
VOICI UNE VARIATION AUTOUR DE L'ŒUF POUR SURPRENDRE VOS INVITÉS. ŒUF À LA COQUE AUX…
ŒUFS DE SAUMON OU ŒUFS EN BRIOCHE. SIMPLE ET RAPIDE. À VOUS DE JOUER !

* * *

Préparation : 25 min

Cuisson totale : 25 min

Pour 4 personnes

4 brioches individuelles à tête

12 asperges vertes très fines

1 petit bocal d'œufs de saumon

1 tranche de jambon blanc

8 œufs extra frais

20 g de fromage râpé
(emmenthal, mimolette, comté…)

Sel, poivre du moulin

1

Œufs à la coque aux œufs de saumon, mouillettes d'asperges

* Faites cuire les asperges à l'eau bouillante salée jusqu'à ce qu'elles soient tendres.

* Faites cuire 4 œufs 3 min à l'eau bouillante salée. Coupez le haut des œufs. Salez les œufs légèrement et poivrez-les. Plantez une asperge dans le jaune, pointe vers le haut, et posez délicatement des œufs de saumon autour, dans la coquille (vous pouvez enlever un peu de blanc pour laisser de la place aux œufs de saumon). Disposez les autres asperges à côté, dans l'assiette.

2

Œufs en brioche

* Préchauffez le four à 200 °C (th. 6-7).

* Coupez la tête des brioches et creusez l'intérieur pour pouvoir y casser un œuf. Coupez le jambon en lanières.

* Posez les brioches sur la plaque du four. Garnissez l'intérieur de lanières de jambon. Cassez 1 œuf par-dessus chaque brioche. Salez et poivrez, puis saupoudrez de fromage râpé.

* Enfournez pour 8 à 10 min de cuisson, jusqu'à ce que les blancs des œufs soient pris et que les jaunes restent encore liquides.

Le coup de bluff

Vous pouvez aussi préparer des mouillettes classiques mais raffinées avec du pain grillé tartiné de beurre et saupoudré d'aneth haché.

3

* Servez ce duo d'œufs sans attendre et épatez tout le monde !

Tartare de Saint-Jacques à la pomme verte, aux pignons et à la coriandre

VOUS AVEZ ENVIE D'ÉPATER BELLE-MAMAN OU VOS INVITÉS ?
VOUS NE VOULEZ PAS QU'ILS RESSORTENT DE CHEZ VOUS EN DISANT QUE C'EST TOUJOURS LA MÊME CHOSE.
COMMENCEZ DONC PAR CETTE ENTRÉE.
LA SAINT-JACQUES EN VERSION CRUE AVEC DES PETITS DÉS DE POMME VERTE...

* * *

Préparation : 15 min

Cuisson totale : 5 min

Pour 4 personnes

12 noix de Saint-Jacques sans le corail

1 pomme verte non traitée ou bien lavée

Quelques brins de coriandre

2 cuil. à soupe de jus de citron vert

4 cuil. à soupe de pignons de pin

6 cuil. à soupe d'huile de noisette

Sel, poivre du moulin

1

* Coupez les noix de Saint-Jacques en petits dés.
* Faites dorer les pignons de pin dans une poêle antiadhésive sans matière grasse.
* Mélangez le jus de citron vert avec l'huile de noisette. Salez et poivrez.

2

* Lavez la pomme et coupez-la en quatre pour retirer le trognon (sans enlever la peau). Coupez-la en petits dés de la même taille que ceux des Saint-Jacques. Effeuillez la coriandre et coupez-la en lanières.
* Mélangez les dés de Saint-Jacques et de pomme avec la sauce au citron.

3

* Servez ce tartare dans des verrines. Parsemez de coriandre. Disposez les pignons grillés par-dessus au dernier moment.

Le coup de bluff

Disposez les pignons grillés au dernier moment, pour qu'ils restent bien croquants.

Soupe de carottes à l'orange

L'ORANGE CONTIENT DE LA VITAMINE C, LA CAROTTE DU BÊTA-CAROTÈNE.
CETTE SOUPE DOUCE ET LÉGÈREMENT ACIDULÉE VOUS DONNERA DES FORCES ET UNE BONNE MINE.
MOINS DANGEREUX ET MOINS COÛTEUX QUE LES U.V. !

* * *

Préparation : 15 min

Cuisson totale : 35 min

Pour 4 personnes

500 g de carottes

1 orange non traitée

1 pomme de terre

1 oignon

1 cuil. à café de sucre en poudre

2 cuil. à soupe d'huile neutre

1 pincée de curcuma

Sel, poivre du moulin

1

* Pelez l'oignon et la pomme de terre et coupez-les en petits morceaux. Pelez les carottes et coupez-les en rondelles. Zestez l'orange et pressez-la.
* Faites chauffer l'huile dans une casserole à feu moyen. Faites revenir l'oignon émincé 5 min sans le colorer.

2

* Ajoutez ensuite les rondelles de carotte, les morceaux de pomme de terre et 75 cl d'eau. Salez et poivrez bien. Portez à ébullition, puis baissez le feu et laissez cuire 30 min à petits bouillons. Ajoutez le sucre en poudre et le jus de l'orange. Mixez la soupe.

3

* Servez la soupe dans des bols. Parsemez de zestes d'orange et de curcuma.

Le coup de bluff

L'été, servez cette soupe froide,
dans des verres à cocktail.
Vous pouvez même ajouter des glaçons
pour une version « on the rocks ».

Salade exotique de raie

BON MARCHÉ, GOÛTEUSE, LA RAIE EST UN EXCELLENT POISSON.
UNE FOIS CUITE ET EFFEUILLÉE, ELLE VA TROUVER PLACE AU CENTRE D'UNE SALADE EXOTIQUE.
UNE RECETTE À METTRE DANS VOS CLASSIQUES.

* * *

Préparation : 20 min

Cuisson totale : 15 min

Pour 4 personnes

2 ailes de raie

1 concombre

4 cœurs de sucrine

100 g de pousses de soja

1 bouquet garni

1 bouquet de coriandre

1 piment rouge frais

1 citron vert

4 cuil. à soupe d'huile d'arachide

2 cuil. à soupe d'huile de sésame

1 cuil. à soupe de nuoc-mâm

Sel fin

1

* Faites bouillir de l'eau avec le bouquet garni et du sel. Faites-y pocher les ailes de raie pendant 12 min. Égouttez-les. Laissez-les tiédir et effeuillez-les (c'est-à-dire séparez la chair des cartilages).

2

* Détachez les feuilles de sucrine, jetez celles qui sont abîmées le cas échéant. Pelez le concombre et coupez-le en deux dans la longueur. Ôtez les graines et coupez la chair en petits dés. Coupez le piment en deux. Épépinez-le et émincez-le finement. Effeuillez la coriandre.

* Pressez le citron vert. Mélangez le jus de citron avec le nuoc-mâm, les huiles et 1 pincée de sel.

3

* Répartissez les feuilles de sucrine dans 4 assiettes. Disposez les dés de concombre, les pousses de soja et les morceaux de raie par-dessus. Parsemez de piment émincé et de feuilles de coriandre. Arrosez de sauce citronnée au nuoc-mâm.

* Servez rapidement.

Le coup de bluff

Pour un dîner 100 % exotique, servez cette salade aux parfums enivrants dans des bols d'inspiration asiatique et dégustez-la avec des baguettes.

Tartare de saumon à la thaïe

VOUS RECEVEZ DU MONDE ET VOTRE FOUR EST EN PANNE ?
PAS DE PANIQUE, VOICI LA SOLUTION : UN TARTARE DE SAUMON À LA MODE THAÏE.
EXOTIQUE, ÉCOLOGIQUE ET CHIC À LA FOIS.

* * *

Préparation : 20 min

Repos au frais : 30 min

Pour 4 personnes

600 g de filet de saumon sans peau
et sans arêtes

1/2 concombre

2 citrons verts non traités

1 échalote

1 petit piment rouge frais

1 tige de citronnelle

1 cuil. à soupe de sucre roux en poudre

2 cuil. à soupe de sauce soja chinoise

4 cuil. à soupe de nuoc-mâm

1

* Retirez la peau sèche extérieure de la tige de citronnelle et émincez la partie tendre en fines rondelles.

* Pelez le concombre, retirez les graines et coupez la chair en dés. Pelez l'échalote et hachez-la en très petits dés. Coupez le piment en deux, retirez les graines et émincez-le finement.

2

* Zestez et pressez les citrons verts. Mélangez le jus avec le sucre roux, la sauce soja et le nuoc-mâm, jusqu'à ce que le sucre soit dissous.

* Découpez le saumon en petits cubes de 0,5 cm de côté.

3

* Mélangez tous les ingrédients et mettez le tartare au frais 30 min avant de servir.

* Présentez le tartare dans un petit bol ou moulé à l'aide d'un cercle et présenté au centre de l'assiette.

Le coup de bluff

Et pourquoi ne pas présenter ce tartare « façon millefeuille », entre des fines tranches de concombre ?

Papillotes de sole au gingembre

RIEN DE TEL QUE LA CUISSON EN PAPILLOTE POUR PRÉSERVER LA SAVEUR ET LES QUALITÉS D'UN POISSON. DU GINGEMBRE, UN FILET DE SOLE... À VOUS DE LES EMBALLER POUR EMBALLER VOS INVITÉS !

* * *

Préparation : 20 min

Cuisson totale : 20 min

Pour 4 personnes

500 g de filets de sole

500 g de carottes

1 petit morceau de gingembre frais

1 citron non traité

Quelques brins de coriandre

4 cuil. à soupe d'huile d'olive

1 cuil. à soupe de sauce soja chinoise

1

* Préchauffez le four à 240 °C (th. 8).

* Pelez et émincez très finement les carottes en rondelles. Faites-les cuire 10 min à la vapeur.

* Pelez et râpez le gingembre. Zestez et pressez le citron. Mélangez l'huile d'olive, le jus et les zestes de citron, la sauce soja et le gingembre.

2

* Coupez 4 grandes feuilles de papier sulfurisé. Répartissez les fines rondelles de carottes et disposez les filets de sole par-dessus. Arrosez les carottes et le poisson avec la moitié de la sauce au citron et gardez le reste pour le service. Roulez le papier deux fois autour de la garniture puis repliez les bords en-dessous pour former des papillotes bien hermétiques.

* Faites-les cuire au four 10 min.

* Pendant ce temps, effeuillez la coriandre.

3

* Au moment de servir, ouvrez les papillotes et parsemez les filets de soles de feuilles de coriandre.

* Présentez-les avec le reste de sauce au citron à part et acccompagnez de pommes de terre cuites à la vapeur (facultatif).

Le coup de bluff

Présentez ces papillotes comme des grands bonbons, en attachant hermétiquement leurs extrémités avec de la ficelle de cuisine, ou bien dans des boîtes en origami. Servez-les fermées sur les assiettes, pour que vos convives profitent de la découverte de leurs parfums intenses.

Nems à la française

UN CLASSIQUE DE LA CUISINE FRANÇAISE À L'INTÉRIEUR D'UN CLASSIQUE DE LA CUISINE CHINOISE,
COMMENT EST-CE POSSIBLE ?
DES LÉGUMES ET UNE VIANDE TAILLÉS FINEMENT, VOILÀ LA RÉPONSE. UNE ENTRÉE COSMOPOLITE.

* * *

Préparation : 25 min

Cuisson totale : 15 min

Pour 4 personnes

300 g de filet de bœuf

12 feuilles de pâte filo

2 carottes

2 échalotes

Quelques brins de persil plat

4 cuil. à soupe de sauce soja chinoise

10 cl de crème liquide

1 cuil. à soupe de moutarde à l'ancienne

4 cuil. à soupe d'huile neutre

Sel, poivre du moulin

1

* Pelez les carottes et coupez-les en petits bâtonnets. Émincez les échalotes. Coupez le persil en lanières. Coupez la viande en fines lanières.

* Faites chauffer 3 cuil. à soupe d'huile dans une poêle antiadhésive à feu vif. Faites revenir le bœuf et les bâtonnets de carotte pendant 2 min. Ajoutez l'échalote et la sauce soja, et continuez la cuisson pendant 3 min en mélangeant le tout. Quand la viande est cuite, ajoutez les lanières de persil et mélangez.

2

* Préchauffez le four à 200 °C (th. 6-7).

* Badigeonnez les feuilles de filo avec l'huile restante. Déposez 1/12e du mélange à base de bœuf au milieu du bord d'une feuille de filo, repliez les côtés et roulez la feuille pour former un nem. Continuez avec les 11 feuilles de filo restantes et le reste de la farce.

* Posez les 12 nems sur une plaque à pâtisserie et faites-les cuire 5 min environ jusqu'à ce qu'ils soient bien dorés.

3

* Pendant ce temps, faites chauffer la crème et la moutarde dans une petite casserole à feu doux.

* Servez la sauce à part.

Le coup de bluff

C'est bien la première fois qu'on mange du bœuf-carottes avec les doigts ! Pour leur éviter de se brûler, proposez à vos invités quelques feuilles de batavia à rouler autour des nems, à la chinoise.

Côtelettes d'agneau en croûte de parmesan et polenta aux olives

LE PRINTEMPS EST LA MEILLEURE DES SAISONS POUR CUISINER L'AGNEAU.
POUR FÊTER ÇA, ENROBEZ-LE D'UNE BELLE CROÛTE DE PARMESAN QUI VA RELEVER SA SAVEUR.
ET SERVEZ-LE AVEC UNE POLENTA AUX OLIVES TRÈS MÉDITERRANÉENNE.

* * *

Préparation : 25 min

Cuisson totale : 20 min

Pour 4 personnes

12 petites côtelettes d'agneau

200 g de polenta à cuisson rapide

100 g de farine

50 g de chapelure

100 g de parmesan fraîchement râpé

2 œufs

10 olives noires

Quelques feuilles de menthe

Quelques brins d'estragon

Quelques brins de ciboulette

Huile d'olive

Sel, poivre du moulin

1

* Coupez les olives en morceaux. Ciselez les herbes.
* Faites cuire la polenta en suivant les instructions du paquet. Mélangez-la avec les olives et les herbes. Salez et poivrez. Étalez-la dans un grand moule rond et mettez-la au frais jusqu'à ce qu'elle soit bien ferme. Découpez-la en triangles ou autres formes obtenues à l'aide d'emporte-pièces.

2

* Mélangez le parmesan râpé avec la chapelure. Versez le mélange dans une assiette creuse. Mettez la farine dans une autre assiette creuse. Battez les œufs dans une troisième assiette creuse.

3

* Salez les côtelettes d'agneau. Passez-les d'abord dans la farine, puis dans l'œuf battu et enfin dans le mélange parmesan-chapelure. Enrobez-les bien de tous les côtés. Faites chauffer de l'huile d'olive dans une poêle antiadhésive à feu vif. Faites revenir les côtelettes d'agneau des deux côtés.
* Faites chauffer de l'huile d'olive dans une autre poêle et faites dorer les triangles de polenta des deux côtés.

Le coup de bluff

Pour une présentation amusante, découpez votre polenta à l'aide d'emporte-pièces adaptés à la saison ou à la circonstance.

Merlan pané express aux noisettes, écrasée de brocolis à l'ail et au citron

NON, LES POISSONS NE NAISSENT PAS PANÉS ET CARRÉS !
ÉPATEZ VOS ENFANTS AVEC CES FILETS DE MERLAN PANÉS ACCOMPAGNÉS DE NOISETTES BIEN CROUSTILLANTES.
L'ÉCRASÉE DE BROCOLI À L'AIL ET AU CITRON DEVRAIT AUSSI FAIRE SON PETIT EFFET...

* * *

Préparation : 15 min

Cuisson totale : 15 min

Pour 4 personnes

4 filets de merlan sans la peau

1 tête de brocoli

1 gousse d'ail

1/2 citron (jus)

100 g de noisettes décortiquées

8 cuil. à soupe de farine

1 œuf

2 noix de beurre

2 cuil. à soupe d'huile neutre

Sel, poivre du moulin

1

* Pelez et écrasez l'ail. Pressez le demi-citron. Battez l'œuf. Concassez les noisettes.
* Coupez le brocoli en fleurettes. Faites-les cuire à l'eau bouillante salée jusqu'à ce qu'elles soient tendres. Égouttez-les. Écrasez-les avec l'ail, le beurre et le jus de citron. Salez et poivrez.

2

* Salez les filets de merlan. Passez-les dans la farine, puis dans l'œuf battu, puis dans les noisettes. Faites chauffer l'huile dans une poêle antiadhésive. Faites dorer les filets de merlan quelques minutes par côté.

3

* Servez le filet avec l'écrasée de brocolis, moulée dans un petit bol.

Le coup de bluff
Présentez l'écrasée de brocolis moulée à l'aide d'emporte-pièces de votre choix.

Échine de porc à la rhubarbe et carottes glacées

VOICI UNE RECETTE SUCRÉE-SALÉE
OÙ L'ÉCHINE DE PORC SE FAIT TITILLER PAR LA SAVEUR ACIDULÉE DE LA RHUBARBE.
LA PETITE NOTE SUCRÉE DE LA CAROTTE VIENT L'ADOUCIR.

* * *

Préparation : 15 min

Cuisson totale : 25 min

Pour 4 personnes

600 g d'échine de porc

500 g de carottes fanes

400 g de rhubarbe

2 cuil. à soupe de sucre en poudre

8 cuil. à soupe de miel

1 cuil. à soupe de sauce soja chinoise

3 noix de beurre

Sel, poivre du moulin

1

∗ Grattez les carottes et coupez-les en quatre dans la longueur ou en rondelles suivant leur taille. Faites-les revenir dans 2 noix de beurre. Pour les glacer, ajoutez le sucre enpoudre, puis couvrez d'eau. Laissez cuire 15 min à feu doux.

2

∗ Épluchez la rhubarbe et coupez-la en tronçons d'environ 5 cm. Faites-les revenir quelques minutes dans du beurre avec du sel et du poivre.

∗ Mélangez le miel et la sauce soja. Coupez l'échine de porc en médaillons. Poêlez les médaillons de porc environ 5 min par côté. 2 min avant la fin de la cuisson, ajoutez la sauce au miel.

3

∗ Servez les médaillons avec la sauce, les tronçons de rhubarbe et les carottes.

Le coup de bluff

Le porc adore les associations salées-sucrées originales. C'est l'occasion de préparer un plat raffiné avec un morceau goûteux et bon marché : l'échine.

Étonnant mignon de porc au pavot, pomme, poire et endive croquante

TENDRE ET MOELLEUX, LE FILET MIGNON PREND DES REFLETS BLEU-NOIR GRÂCE À UNE BELLE ROBE DE PAVOT.
DE LA DOUCEUR AVEC LA POMME ET LA POIRE, UNE POINTE D'AMERTUME AVEC L'ENDIVE.
VOICI UNE RECETTE PLEINE DE CONTRASTES.

* * *

Préparation : 20 min

Cuisson totale : 25 min

Pour 4 personnes

600 g de filet mignon de porc

2 pommes

2 poires

2 belles endives

1/2 citron (jus)

100 g de beurre pour les fruits

+ 1 noix pour les endives

1 cuil. à soupe de graines de pavot

3 cuil. à soupe de sucre en poudre

2 cuil. à soupe d'huile neutre

Sel, poivre du moulin

1

* Épluchez les pommes et les poires puis émincez-les en respectant leur forme.
* Préchauffez le four à 180 °C (th. 6).
* Faites fondre 100 g de beurre dans une poêle. Ajoutez les fruits. Faites cuire 5 min à couvert.
* Ensuite, ajoutez le sucre en poudre et laissez compoter à feu doux, jusqu'à ce que les fruits soient cuits et fondants. Arrosez de jus de citron.

2

* Assaisonnez le filet mignon de sel et de poivre. Roulez-le dans les graines de pavot. Faites chauffer l'huile dans une cocotte et faites-le dorer sur tous les côtés. Ensuite, mettez la cocotte au four pour 10 min.

3

* Coupez les endives en lanières dans leur longueur et faites-les revenir à la minute dans une poêle avec 1 noix de beurre.
* Coupez le filet mignon de porc en rondelles et servez-le accompagné des fruits et des endives.

Le coup de bluff
Ce mignon de porc s'est vraiment mis sur son trente et un, avec son élégant costume de pavot bleu-noir.

54

Magrets de canard, sauce onctueuse aux spéculoos

VOUS CONNAISSEZ LE CANARD LAQUÉ ET LE CANARD À L'ORANGE.
PLUS SIMPLE, TOUT AUSSI DÉLICIEUX, ET SURPRENANT GRÂCE À UN BISCUIT DU NORD,
VOICI LE MAGRET AUX SPÉCULOOS.

* * *

Préparation : 10 min

Cuisson totale : 20 min

Repos : 7 min

Pour 4 personnes

2 magrets de canard

4 spéculoos

2 cuil. à soupe de moutarde à l'ancienne

20 cl de crème liquide

Sel, poivre du moulin

1

* Préchauffez le four à 220 °C (th. 7-8).
* Mixez les spéculoos ou écrasez-les finement.
* Entaillez la peau des magrets en formant des croisillons. Salez-les sur les deux faces et posez-les dans un plat allant au four, sur une grille si possible côté peau au-dessus. Si vous n'en avez pas, déposez les magrets directement dans le plat mais la viande stagnera dans le gras qu'elle rendra. Enfournez pour 15 min de cuisson.

2

* Mettez la poudre de spéculoos avec la crème et la moutarde dans une casserole, et faites chauffer à feu doux quelques minutes, jusqu'à ce que tout soit bien mélangé. Salez et poivrez à votre goût.

3

* Sortez les magrets du four. Laissez-les reposer environ 7 min sous du papier aluminium puis coupez-les en deux. Servez à chacun un demi-magret émincé avec la sauce.
* Accompagnez ce plat de tranches de pommes poêlées ou de pâtes.

Le coup de bluff

Écrasez quelques spéculoos et parsemez-les autour de l'assiette. Vos invités vont vous questionner, c'est sûr, et vous aurez réussi votre coup de bluff !

Paupiettes aux pruneaux et au chorizo

LA PAUPIETTE DE VEAU, VOILÀ UN GRAND CLASSIQUE DE LA CUISINE FRANÇAISE !
AMUSEZ-VOUS À LA RÉVEILLER AVEC DES PRUNEAUX ET DU CHORIZO.
PAULETTE, LA REINE DES PAUPIETTES, VA ÊTRE JALOUSE !

* * *

Préparation : 15 min
Cuisson totale : 15 min
Pour 4 personnes
8 fines escalopes de veau aplaties
16 pruneaux
16 tranches de chorizo doux
ou piquant, à votre goût
1 yaourt brassé
20 cl de crème liquide
2 cuil. à soupe de vinaigre de xérès
2 cuil. à soupe d'huile d'olive
15 g de beurre
Sel, poivre du moulin

1

* Coupez les pruneaux et le chorizo en petits dés. Mélangez-les avec le yaourt. Salez et poivrez.
* Salez les escalopes des deux côtés. Nappez-les de farce et roulez-les sur elles-mêmes. Fermez-les bien avec des piques à cocktail ou de la ficelle de cuisine.
* Mélangez la crème et le vinaigre de xérès.

2

* Chauffez le beurre et l'huile d'olive à feu vif dans une poêle antiadhésive. Faites bien dorer les paupiettes, 1 min par côté. Baissez le feu et laissez cuire à feu moyen encore 5 min par côté. 3 min avant la fin de la cuisson, versez le mélange crème-vinaigre dans la poêle.

3

* Servez 2 paupiettes par personne avec la sauce, accompagnées de haricots verts ou de riz pilaf.

Le coup de bluff

Pour décorer vos assiettes, préparez des petites allumettes de chorizo. Faites-les dorer dans une poêle sans matière grasse et égouttez-les sur du papier absorbant.

Bâtonnets de poulet panés au parmesan, sauce au poivron

VOS ENFANTS ADORENT LES NUGGETS ?
VOICI L'OCCASION DE LEUR MONTRER QUE, VOUS AUSSI, VOUS SAVEZ LES FAIRE.
DES BÂTONNETS MAISON SANS ADDITIFS, SANS CONSERVATEUR,
AVEC UN BON POULET ET DU PARMESAN POUR LE CROUSTILLANT.
N'OUBLIEZ PAS D'EN LAISSER POUR VOS BAMBINS !

* * *

Préparation : 20 min
Cuisson totale : 8 min
Pour 4 personnes
4 blancs de poulet
2 œufs
60 g de parmesan fraîchement râpé
60 g de farine
60 g de chapelure
2 cuil. à soupe d'huile neutre
Sel, poivre du moulin

Pour la sauce au poivron :
200 g de poivrons grillés à l'huile
(poids égoutté)
1 gousse d'ail
1/2 citron (jus)
2 cuil. à soupe de miel
Sel, poivre du moulin

1

* Pelez la gousse d'ail et coupez-la en quatre. Mixez les poivrons égouttés avec l'ail, le jus de citron, le miel. Salez et poivrez. Réservez cette sauce.

2

* Coupez les blancs de poulet en lanières d'environ 2 cm de large.
* Battez les œufs et versez-les dans une assiette creuse. Mettez la farine dans une autre assiette creuse.
* Mélangez la chapelure et le parmesan râpé dans une troisième assiette creuse. Salez et poivrez les lanières de poulet.
* Trempez-les dans la farine puis dans l'œuf battu et enfin dans le mélange chapelure-parmesan.

3

* Faites chauffer l'huile à feu moyen dans une grande poêle antiadhésive. Ajoutez les morceaux de poulet et faites-les dorer environ 4 min par côté.
* Servez-les avec la sauce au poivron à part et accompagnez de pommes de terre au four ou de riz.

Bon à savoir

Vous trouverez les poivrons grillés à l'huile conditionnés en barquette ou en bocal, dans les supermarchés au rayon des conserves ou des produits régionaux.

Le coup de bluff

En moins de cinq minutes, avec des produits du placard et un mixeur, préparez ce «ketchup maison» original.

ketchup

Tatin de fenouil et citron confit

VOICI UNE ENTRÉE POUR LAQUELLE VOUS ALLEZ UTILISER LA TECHNIQUE
D'UN CLASSIQUE DES DESSERTS : UNE TARTE TATIN VERSION SALÉE.
ANISÉ ET FONDANT, LE FENOUIL ÉPOUSE LE CITRON CONFIT ET ENCHANTE LA PÂTE FEUILLETÉE.

* * *

Préparation : 15 min

Cuisson totale : 30 min

Pour 4 personnes

1 rouleau de pâte feuilletée «pur beurre»

3 bulbes de fenouil

1 citron confit (en saumure)

2 cuil. à soupe d'huile d'olive

Sel, poivre du moulin

1

* Préchauffez le four à 180 °C (th. 6).
* Coupez les extrémités des bulbes de fenouil et enlevez
la première couche de feuilles si elles sont abîmées. Gardez
les pluches du fenouil. Coupez les bulbes en tranches fines.
* Coupez le citron confit en petits dés.

2

* Faites chauffer l'huile d'olive à feu vif dans une poêle
antiadhésive. Ajoutez les tranches de fenouil et faites-les bien
dorer, environ 3 min par côté. Salez et poivrez.
* Étalez les tranches de fenouil dans un moule antiadhésif.
Répartissez les dés de citron confit dessus. Recouvrez-les avec
la pâte. Coupez ses bords si elle est trop grande et faites-la entrer
dans le moule. Piquez-la avec la pointe d'un couteau au centre.
Enfournez pour 20 min de cuisson.

3

* Sortez la tarte du four. Laissez-la reposer 10 min. Recouvrez
d'un plat à tarte. Retournez le tout, tapotez le moule pour décoller
les tranches de fenouil puis retirez-le.
* Servez la Tatin parsemée des pluches de fenouil avec
une salade verte assaisonnée d'huile d'olive et de vinaigre
balsamique.

Le coup de bluff

Épatez vos amis en préparant
vous-même vos citrons confits :
incisez en croix jusqu'à la moitié des citrons
non traités et mettez-les dans un bocal
avec de l'huile d'olive et du gros sel.
Oubliez-les 1 mois à l'abri
de la lumière.

Cheesecake simplissime au citron vert

JUTEUX ET ACIDULÉ, LE CITRON VERT DONNE DU CARACTÈRE
AU PLUS CÉLÈBRE DESSERT AMÉRICAIN : LE CHEESECAKE.
VOUS N'AVEZ PAS ENVIE DE PASSER DES HEURES EN CUISINE ?
ÇA TOMBE BIEN, CE DESSERT PEUT SE FAIRE ENTIÈREMENT AU MIXEUR.

* * *

Préparation : 15 min

Cuisson totale : 45 min

Pour 4 personnes

240 g de fromage frais (type Kiri)

250 g de fromage blanc en faisselle

25 g de beurre

2 œufs

2 citrons verts (jus)

200 g de sucre en poudre

80 g de petits-beurre (à estimer
par rapport au poids du paquet)

1

* Préchauffez le four à 180 °C (th. 6).
* Mixez les petits-beurre avec le beurre. Bien tasser la préparation
dans un moule à gâteau à fond amovible pour former la croûte.

2

* Mélangez le fromage frais, le fromage blanc en faisselle, les œufs,
le sucre en poudre et le jus de citron vert dans le bol d'un mixeur,
jusqu'à ce que le mélange soit lisse. Versez cette crème sur la croûte.
* Mettez le cheesecake au four pour 45 min de cuisson.

3

* Laissez-le refroidir puis démoulez-le délicatement.
Servez-le frais.

Le coup de bluff

Pour un cheesecake « tout vert »,
râpez le zeste d'un citron vert
au fond du plat ou de l'assiette
de présentation, avant
d'y déposer le gâteau.

Rapido-fondant au chocolat et aux framboises

VOUS N'AVEZ PAS ENVIE DE PASSER DES HEURES EN CUISINE,
MAIS VOUS AIMERIEZ SURPRENDRE CEUX QUE VOUS AIMEZ PAR UNE PETITE DOUCEUR AU CHOCOLAT ?
VOICI LA SOLUTION AVEC CE FONDANT SANS CUISSON.

* * *

Préparation : 15 min

Cuisson totale : 5 min

Repos au frais : 6 h minimum

Pour 6 personnes

300 g de chocolat noir

400 g de framboises fraîches
ou surgelées

50 cl de crème liquide entière bien froide

70 g de beurre demi-sel

50 g de sucre glace

1

* Dans une casserole, faites fondre le chocolat avec le beurre, sur un feu très doux ou au micro-ondes en position douce. Mélangez et laissez tiédir hors du feu.
* Fouettez la crème liquide bien froide jusqu'à ce qu'elle devienne très ferme. Incorporez-la délicatement, en plusieurs fois, au chocolat fondu.

2

* Tapissez un moule à cake de film alimentaire. Versez la moitié de la crème au chocolat. Répartissez 200 g de framboises entières. Ajoutez ensuite le reste de crème au chocolat. Recouvrez de film alimentaire. Mettez le fondant au moins 6 h au réfrigérateur.

3

* Mixez les framboises restantes avec le sucre glace.
* Démoulez le fondant et servez-le en tranches avec le coulis de framboise.

Le coup de bluff

Préparez ce fondant dans des moules à cake individuels que vous démoulerez sur chaque assiette. Entourez-les d'un filet de coulis de framboise. Posez quelques framboises entières dessus.

Ananas caramélisé à la coriandre

SUCRÉ, ACIDULÉ, L'ANANAS EST UN VÉRITABLE BONBON.
CÔTÉ PRÉSENTATION, C'EST TOUJOURS PAREIL… EN CUBE OU EN RONDELLES.
UNE HERBE PARFUMÉE ET UN COSTUME DE CARAMEL, VOICI ENFIN L'ANANAS COMME VOUS NE L'AVEZ JAMAIS VU !

* * *

Préparation : 20 min

Cuisson totale : 10 min

Pour 4 personnes

1 ananas

2 noix de beurre

15 cl de crème liquide entière bien froide

4 cuil. à soupe de sucre en poudre

2 cuil. à soupe de sucre glace

Quelques brins de coriandre

pour la déco

1

* Fouettez la crème liquide à la fourchette jusqu'à ce qu'elle soit bien ferme. Ajoutez le sucre glace sans cesser de fouetter rapidement. Réservez au réfrigérateur.

* Pelez l'ananas et coupez-le en quartiers. Retirez la partie dure du cœur. Coupez chaque quartier en 4 tranches fines dans le sens de la longueur.

2

* Dans une poêle antiadhésive, faites fondre le beurre et le sucre en poudre à feu moyen. Quand le mélange caramélise, ajoutez les tranches d'ananas. Faites-les revenir quelques minutes jusqu'à ce qu'elles soient dorées des deux côtés.

3

* Servez l'ananas chaud avec la crème froide et des feuilles de coriandre.

Le coup de bluff

Séduisez vos invités avec ce dessert élégant, qui marie de façon originale un fruit exotique à la saveur douce, l'ananas, et une herbe, la coriandre (persil chinois), qui lui apporte vivacité et fraîcheur.

Crumble de rhubarbe aux dragées cachées et son coulis de fraise

UN BAPTÊME, UNE COMMUNION, UNE FÊTE...
TOUTES LES OCCASIONS SONT BONNES POUR RECEVOIR DES DRAGÉES.
APRÈS EN AVOIR CROQUÉ QUELQUES-UNES, UTILISEZ LES AUTRES
POUR FAIRE UN CRUMBLE OÙ L'AMANDE DE LA DRAGÉE ADOUCIT LA RHUBARBE.

* * *

Préparation : 20 min
Cuisson totale : 40 min
Pour 4 personnes

1 kg de rhubarbe
250 g de fraises
1 cuil. à soupe de jus de citron
140 g de sucre en poudre
60 g de dragées aux amandes
80 g de farine
60 g de beurre
Sel fin

1

* Préchauffez le four à 200 °C (th. 6-7).
* Pelez la rhubarbe et coupez-la en tronçons de 2 cm. Dans une casserole, faites-la compoter avec 80 g de sucre en poudre, pendant 20 min sur feu doux. Égouttez-la. Répartissez-la dans un plat allant au four.
* Mixez les dragées.

2

* Coupez le beurre en petits dés. Mettez-les dans un bol avec la farine, 1 pincée de sel, 40 g de sucre en poudre et la poudre de dragée. Malaxez avec les doigts pour obtenir une pâte grossière.
* Répartissez la pâte à crumble sur la rhubarbe. Enfournez pour 20 min de cuisson.

3

* Équeutez les fraises et mixez-les avec 20 g de sucre en poudre et le jus de citron.
* Servez le crumble tiède ou froid avec le coulis.

Le coup de bluff

Faites deviner à vos invités de quoi est composée la croûte de ce crumble au goût d'amande et de sucre, qui contraste agréablement avec l'acidité de la rhubarbe. Patientez un peu avant de leur révéler votre secret : des dragées concassées.

Panna cotta à l'orange sanguine

CETTE ORANGE PAS COMME LES AUTRES MÉRITE PLUS QU'UNE SIMPLE DÉGUSTATION À LA FIN D'UN REPAS. SA RENCONTRE AVEC LA PANNA COTTA LA TRANSFORME EN UN DESSERT SANGUIN AUSSI BEAU QUE BON.

* * *

Préparation : 15 min

Cuisson totale : 5 min

Repos au frais : 4 h minimum

Pour 4 personnes

4 oranges sanguines

40 cl de crème liquide

50 g de sucre glace

2 feuilles de gélatine

1

* Pressez 1 orange sanguine pour en recueillir le jus.
* Pelez 3 oranges sanguines à vif et récupérez les segments. Disposez-les dans 4 verrines.
* Faites tremper les feuilles de gélatine dans de l'eau froide pendant quelques minutes.

2

* Faites chauffer la crème liquide avec le sucre glace et 4 cuil. à soupe de jus d'orange sanguine. Quand le mélange frémit, retirez-le du feu. Ajoutez les feuilles de gélatine égouttées et mélangez jusqu'à ce qu'elles soient fondues.

3

* Versez cette crème dans les verrines, laissez refroidir et mettez-les au réfrigirateur pendant au moins 4 h, jusqu'à ce que la crème prenne.

Le coup de bluff

Préparez un beau sirop rouge vif pour accompagner ce dessert. Faites réduire le jus de 3 oranges sanguines avec 50 g de sucre en poudre. Laissez refroidir le sirop et versez-le sur les crèmes bien froides.

Crème brûlée à la bergamote

TOUT LE MONDE CONNAÎT LA CRÈME BRÛLÉE. UN MUST DES BISTROTS.
ELLE N'A PAS DIT SON DERNIER MOT...
LES BERGAMOTES, UNE SPÉCIALITÉ DE NANCY, FONT DE LA CRÈME BRÛLÉE UN VÉRITABLE BONBON.

* * *

Préparation : 10 min

Cuisson totale : 1 h 05

Repos au frais : 1 h

Pour 4 personnes

5 jaunes d'œufs

100 g de sucre en poudre

50 cl de crème liquide

60 g de bonbons à la bergamote
de Nancy

1

* Préchauffez le four à 100 °C (th. 3-4).

* Fouettez les jaunes d'œufs avec le sucre en poudre jusqu'à ce que le mélange double de volume. Ajoutez ensuite la crème liquide et fouettez à nouveau.

2

* Versez le mélange dans 4 ramequins larges et enfournez pour 1 h de cuisson. Laissez refroidir hors du four, puis laissez reposer 1 h au réfrigérateur.

* Faites chauffer le gril de votre four au maximum.

3

* Pilez finement les bergamotes de Nancy dans un mortier ou écrasez-les dans un sac plastique avec un marteau. Parsemez les crèmes de bergamotes pilées. Passez rapidement les ramequins sous le gril. Surveillez bien et sortez-les dès que la surface de la crème caramélise.

Si vous avez un petit chalumeau de cuisine, utilisez-le pour la caramélisation.

* Servez aussitôt.

Le coup de bluff

Pour un goût de bergamote plus intense, ajoutez à la crème avant la cuisson quelques gouttes d'huile essentielle de bergamote que vous trouverez en pharmacie.

Millefeuille flamboyant à la rose et au litchi

VOUS AVEZ ENVIE DE SÉDUIRE L'ÊTRE AIMÉ ? CE DESSERT EST FAIT POUR VOUS.
UNE PÂTE FEUILLETÉE CROUSTILLANTE, UNE CRÈME PÂTISSIÈRE GARNIE DE LITCHIS...
C'EST DOUX, C'EST ONCTUEUX... PARFAIT POUR DÉCLARER SA FLAMME.
DITES-LE AVEC UN MILLEFEUILLE DE ROSE !

* * *

Préparation : 20 min

Cuisson totale : 25 min

Refroidissement : 1 h

Pour 4 personnes

2 rouleaux de pâte feuilletée
« pur beurre »

50 cl de lait

4 jaunes d'œufs

60 g de sucre en poudre

30 g de farine

10 cl d'eau de rose

16 litchis frais ou en boîte

2 cuil. à soupe de sucre glace

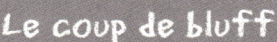

Le coup de bluff

Décorez vos assiettes à dessert
avec des pétales de rose.
Si elles sont non traitées,
vous pouvez même proposer
à vos invités de les déguster.

1

∗ Préchauffez le four à 200 °C (th. 6-7).

∗ Posez les pâtes feuilletées déroulées sur une plaque à pâtisserie recouverte de papier sulfurisé. Selon la taille de votre four, il faudra procéder en deux fois. Couvrez-les de papier sulfurisé et recouvrez le tout d'une seconde plaque à pâtisserie. Enfournez pour 15 min de cuisson.

∗ Sortez les plaques du four et allumez maintenant la position « gril ».

∗ Retirez la plaque et le papier du dessus et découpez 6 disques dans chaque rond de pâte. Poudrez ensuite les disques de sucre glace et passez-les quelques minutes sous le gril pour les faire dorer.

2

∗ Fouettez les jaunes d'œufs et le sucre en poudre jusqu'à ce que le mélange blanchisse. Ajoutez la farine et mélangez.

∗ Faites bouillir le lait avec l'eau de rose. Versez-le doucement sur la préparation œuf-sucre, en remuant sans cesse.

∗ Reversez dans la casserole. Faites épaissir à feu doux. Laissez la crème bien refroidir puis mettez-la au réfrigérateur pour 1 h.

∗ Coupez 12 litchis en petits morceaux et incorporez-les à la crème bien froide.

3

∗ Juste avant de servir, montez les millefeuilles en alternant les couches de pâte et de crème. Finissez par de la pâte. Vous pouvez préparer la pâte et la crème à l'avance (entreposez-la au frais avec un film alimentaire au contact pour éviter qu'une peau ne se forme).

∗ Décorez chaque millefeuille avec 1 litchi entier et poudrez de sucre glace à volonté.

Ma mousse au citron et sa tuile au Carambar

LE CHOCOLAT N'EST PAS LE SEUL À SE TRANSFORMER EN MOUSSE.
LE CITRON, LUI AUSSI, EN EST CAPABLE ! ESSAYEZ DONC CETTE MOUSSE LÉGÈRE ET ACIDULÉE.
POUR CONTRASTER AVEC LE PARFUM DU CITRON, LA TUILE DE CARAMBAR SE TIENT PRÊTE.

* * *

Préparation : 15 min

Cuisson totale : 25 min

Repos au frais : 4 h minimum

Pour 4 personnes

4 Carambar

3 citrons non traités

2 œufs

160 g de sucre en poudre

1 cuil. à soupe de Maïzena

Sel fin

1

* Préchauffez le four à 200 °C (th. 6-7).
* Posez les Carambar sur une feuille de papier sulfurisé en les espaçant de 4 cm et enfournez-les pour environ 5 min de cuisson en les surveillant jusqu'à ce qu'ils s'étalent et commencent à faire des bulles. Sortez-les aussitôt du four.
* Prélevez le zeste des citrons avec un couteau économe et coupez-le en fines lanières. Puis pressez les citrons.
* Séparez les blancs des jaunes d'œufs.

2

* Dans une casserole, mélangez 60 g de sucre en poudre avec les jaunes d'œufs, le jus de citron et la Maïzena. Faites chauffer à feu doux en remuant sans cesse avec une cuillère en bois. Quand le mélange commence à épaissir, retirez-le du feu. Versez dans un bol. Goûtez et ajoutez du sucre en poudre si nécessaire. Laissez refroidir.
* Montez les blancs d'œufs en neige avec 1 pincée de sel. Mélangez rapidement 1/4 des blancs avec le mélange au citron. Incorporez délicatement les blancs restants. Versez la mousse dans 4 verrines et mettez au réfrigérateur pour au moins 4 h.

Le coup de bluff
Proposez à vos invités d'oublier leurs cuillères et de déguster ce dessert avec les tuiles. Préparez-en un peu plus, on risque de vous en redemander !

3

* Faites chauffer 10 cl d'eau avec les 100 g de sucre en poudre restants. Laissez confire les zestes de citron pendant environ 10 min. Égouttez-les et posez-les dans une passoire. Décorez les mousses avec les zestes confits et servez frais avec les tuiles de Carambar.

Pavlova, dessert aérien et fruité

CE DESSERT MERINGUÉ FAIT PARTIE DES GRANDES DOUCEURS RÉCONFORTANTES.
À VOUS DE VOUS L'APPROPRIER EN Y AJOUTANT UN FRUIT EXOTIQUE ET DE LA CHANTILLY.
VOICI UN DESSERT PLUS LÉGER QUE L'AIR, GRACIEUX COMME UNE DANSEUSE RUSSE.

* * *

Préparation : 30 min

Cuisson totale : 1 h 15

Repos : 30 min

Pour 4 personnes

4 kiwis

2 poires

2 blancs d'œufs

120 g de sucre en poudre

20 cl de crème liquide entière bien froide

50 g de sucre glace

2 cuil. à soupe de jus de citron

Sel fin

1

* Préchauffez le four à 120 °C (th. 4).

* Montez les blancs d'œufs en neige avec 1 pincée de sel. Quand ils commencent à former des pics, incorporez le sucre en poudre et continuez à fouetter jusqu'à ce qu'ils soient bien fermes.

* Étalez cette pâte à meringue sur une plaque recouverte d'une feuille de papier sulfurisé, en formant un grand disque ou plusieurs petits, avec un creux au centre pour la garniture. Enfournez la plaque pour 1 h 15 de cuisson. La meringue doit rester blanche. Laissez-la refroidir dans le four éteint.

2

* Fouettez la crème liquide jusqu'à ce qu'elle forme des pics. Incorporez le sucre glace sans cesser de fouetter. Gardez cette crème chantilly au frais.

3

* Pelez les kiwis et les poires et coupez-les en morceaux. Citronnez les dés de poire.

* Au moment de servir, garnissez la meringue de crème chantilly et décorez de fruits.

Le coup de bluff

Vous pouvez parfumer votre chantilly à la menthe.
La veille, faites bouillir la crème 1 minute
avec des lanières de menthe fraîche.
Passez-la, faites-la tiédir et laissez-la
au réfrigérateur toute la nuit
avant de la fouetter.

Tarte Tatin aux mangues et sa sauce coco

VOUS CONNAISSIEZ LA TARTE TATIN RÉSERVÉE À LA POMME. VOICI CELLE À LA MANGUE.
DE L'EXOTISME ET DU SOLEIL GRÂCE À CE FRUIT AU PARFUM UNIQUE,
SANS OUBLIER SA PETITE SAUCE AU LAIT DE COCO. LES SŒURS TATIN N'AURAIENT PAS FAIT MIEUX !

* * *

Préparation : 20 min
Cuisson totale : 35 min
Repos : 10 min
Pour 6 personnes
1 rouleau de pâte feuilletée « pur beurre »
3 mangues bien mûres
1 citron vert non traité
40 g de beurre
100 g de sucre roux en poudre
20 cl de lait de coco

1

* Préchauffez le four à 200 °C (th. 6-7).
* Pelez les mangues et coupez-les en grosses lamelles.
* Faites fondre le beurre avec 80 g de sucre roux dans une grande poêle antiadhésive, à feu moyen. Ajoutez les lamelles de mangue. Laissez-les caraméliser pendant quelques minutes en les retournant à mi-cuisson.
* Répartissez harmonieusement les lamelles de mangue dans un moule antiadhésif. Arrosez avec le jus restant dans la poêle. Recouvrez de pâte feuilletée. Enfournez pour 25 min de cuisson.

2

* Pendant la cuisson, zestez le citron vert et pressez-en la moitié. Dans une casserole, faites chauffer le lait de coco à feu vif, ajoutez le jus de citron vert et 20 g de sucre roux. Mélangez et faites bouillir pendant 1 min, puis retirez du feu.
* Sortez la tarte du four. Laissez-la reposer 10 min. Recouvrez-la d'un plat à tarte. Retournez le tout, tapotez le moule pour décoller les tranches de mangue, puis retirez-le.

3

* Décorez la tarte avec les zestes de citron vert.
* Servez-la avec la sauce au lait de coco tiède.

Le coup de bluff

Préparez des petites tartes dans des moules individuels. Parsemez-les de noix de coco râpée que vous aurez fait dorer dans une poêle sans matière grasse.

Tartelettes au chocolat blanc et aux abricots moelleux

AVEC DEUX INGRÉDIENTS QUE VOUS AVEZ PEUT-ÊTRE DANS VOS PLACARDS,
LE CHOCOLAT BLANC ET LES ABRICOTS,
VOUS IMPROVISEREZ UN DÉLICIEUX DESSERT.
DOUCES ET FRUITÉES, CES TARTELETTES SONT PARFAITES POUR UN GOÛTER OU POUR FINIR UN REPAS.

* * *

Préparation : 15 min
Cuisson totale : 25 min
Repos au frais : 1 h
Pour 4 personnes
1 rouleau de pâte sablée
100 g de chocolat blanc
6 cl de crème liquide
4 abricots moelleux

1
* Préchauffez le four à 180 °C (th. 6).
* Coupez les abricots en fines lanières.

2
* Foncez 8 petits moules à tartelettes (Ø 6 cm environ) de pâte sablée. Couvrez-les avec du papier sulfurisé et des haricots secs. Faites cuire les fonds de tarte « à blanc » pendant 10 min. Retirez les haricots et le papier, puis prolongez la cuisson de 8 à 10 min, jusqu'à ce que la pâte soit bien dorée. Sortez les moules du four et laissez-les refroidir.

3
* Cassez le chocolat en petits morceaux. Dans une casserole, faites chauffer la crème liquide à feu doux. Ajoutez le chocolat et mélangez pour obtenir une crème lisse. Laissez tiédir puis répartissez dans les tartelettes. Laissez les tartelettes refroidir à l'air libre ou au réfrigérateur.
* Répartissez harmonieusement les lanières d'abricot sur la crème au chocolat blanc et servez froid.

Le coup de bluff
Pour épater vos amis au moment du café, préparez ces tartelettes en version miniature et servez-les en mignardises.

Tartelettes au citron et au basilic

SUCRÉE ET ACIDULÉE, LA TARTE AU CITRON A DU CARACTÈRE.
ELLE A ENCORE DES CHOSES À DIRE.
ESSAYEZ DONC CETTE VERSION TARTELETTE OÙ LE BASILIC RENFORCE LE GOÛT CITRONNÉ.

* * *

Préparation : 15 min
Cuisson totale : 30 min
Repos au frais : 2 h
Pour 4 personnes
1 rouleau de pâte brisée
3 citrons
1 botte de basilic
150 g de beurre
3 œufs + 3 jaunes
180 g de sucre en poudre
Sel fin

1

* Préchauffez le four à 180 °C (th. 6).
* Tapissez 4 moules à tartelettes (Ø 12 cm) ou 1 moule rectangulaire de 35 x 11 cm avec la pâte brisée.
* Couvrez-les avec du papier sulfurisé et des haricots secs. Faites cuire les fonds de tarte « à blanc » pendant 10 min. Retirez les haricots et le papier et prolongez la cuisson de 8 à 10 min, jusqu'à ce que la pâte soit bien dorée.
* Sortez les moules du four et laissez-les refroidir.

2

* Pressez les 3 citrons. Battez les œufs entiers et les jaunes avec 1 pincée de sel.
* Versez le jus de citron dans une casserole avec le beurre, le sucre en poudre et les œufs battus. Faites chauffer le mélange à feu doux en remuant sans cesse avec une cuillère en bois. Quand le mélange épaissit, retirez-le du feu et passez-le au chinois (passoire fine).

3

* Coupez les feuilles de basilic en lanières très fines et mélangez-les à la garniture au citron. Versez cette garniture sur les tartelettes et mettez-les au réfrigérateur pour 2 h.

Le coup de bluff

Pour décorer ces tartelettes, gardez quelques petites feuilles de basilic entières. Huilez-les légèrement et pressez- les entre deux feuilles de film alimentaire. Passez les 1 min 30 au micro-ondes et elles deviendront translucides et croustillantes.

Madeleines vertes au thé matcha

VOUS AIMERIEZ DONNER UN PETIT COUP DE JEUNE À LA MADELEINE DE VOTRE ENFANCE ?
C'EST POSSIBLE GRÂCE À UNE POUDRE DE THÉ VERT JAPONAIS DE PLUS EN PLUS UTILISÉE EN PÂTISSERIE.
LA MADELEINE D'ANTAN VA EN ÊTRE VERTE !

* * *

Préparation : 10 min

Cuisson totale : 15 min

Pour 1 vingtaine de madeleines

5 g de thé matcha

(thé vert japonais en poudre)

200 g de farine

3 œufs

120 g de beurre

150 g de sucre en poudre

1 citron non traité

1/2 sachet de levure chimique

1

* Préchauffez le four à 200 °C (th. 6-7).
* Zestez et pressez le citron. Dans une casserole, faites fondre le beurre à feu doux avec le jus de citron et la poudre de thé vert.

2

* Fouettez les œufs avec le sucre en poudre jusqu'à ce qu'ils blanchissent. Incorporez petit à petit la farine et la levure. Ajoutez le mélange à base de beurre fondu en remuant.
* Remplissez les moules à madeleines avec cette préparation.

3

* Enfournez à mi-hauteur. Faites cuire 10 min. Démoulez les madeleines dès la sortie du four et laissez-les refroidir.

Bon à savoir
Vous trouverez la poudre de thé matcha dans les boutiques japonaises et les épiceries fines.

Le coup de bluff
Pour renforcer l'aspect vert étonnant de ces madeleines, saupoudrez-les d'une pincée de thé matcha.

INDEX
PAR INGRÉDIENTS PRINCIPAUX

* * *

INDEX
PAR ORDRE ALPHABÉTIQUE

* * *

OUVRAGE PUBLIÉ SOUS LA DIRECTION DE
Laure Paoli

RÉALISATION ÉDITORIALE
Myrtille Chareyre

DIRECTION ARTISTIQUE
Lauriane Tiberghien

PHOTOGRAPHIES
Nathanaël Turpin-Griset

STYLISME
Anouk Grumbach

* * *

ANOUK GRUMBACH REMERCIE
La Vaissellerie * 84, rue de Rennes * 75006 Paris * tél. 01 42 22 61 49,
www.lavaissellerie.fr * pour la vaisselle de la p. 55 ;
Le Petit atelier de Paris * 31, rue de Montmorency * 75003 Paris * tél. 01 44 54 91 40,
www.lepetitatelierdeparis.com * pour les lettres de la p. 33.

* * *

Achevé d'imprimer en France par Pollina.

ISBN : 978-2-226-19517-3
Dépôt légal : mars 2010
Nº d'édition : 19110/3
Nº d'impression : L66506